Biggi Knabe • Rebstock der Liebe

Aus der Reihe Junge Lyrik

Biggi Knabe

Rebstock der Liebe

Traum und Sehnsucht

Gedichte

Herausgegeben und eingeleitet

von

Wolf G. Hermes

Bibliografische Information der Deutschen Nationalbibliothek:
Die Deutsche Nationalbibliothek verzeichnet diese Publikation in der Deutschen Nationalbibliografie; detaillierte bibliografische Angaben sind im Internet über http://dnb.d-nb.de abrufbar

Umschlagfotos: Wolf G. Hermes
Satz und Layout: Wolf G. Hermes
Herstellung und Verlag:
Books on Demand GmbH, Norderstedt
Printed in Germany

ISBN 978-3-8391-2564-9

Verliere nicht, was deine Kindheit dir gegeben -
die Fähigkeit, den Augenblick zu leben.

9

Einleitung

„Das Leben kann so schön sein!!" Übermütig drehte sich Biggi Knabe während einer Radtour in voller Fahrt zum Herausgeber dieses Büchleins um. Ihr langes, langes Haar wehte fröhlich in der Septembersonne …

Schon so viele waren (und sind) berührt von der natürlichen Lebensfreude unserer Autorin, sie werden gefangen von der Schönheit, die ihr Wesen durchstrahlt, im Inneren wie im Äußeren. Es ist die Anmut einer erwachsenen Frau, die sich ihre kindliche Unbefangenheit bewahrt hat, die spontane Anteilnahme am pulsierenden Leben, den wachen Blick für die Natur.

Vielleicht war dies nur deswegen möglich, weil Biggi Knabe von vielem unberührt geblieben ist, was die heutigen Menschen so umtreibt: Beruflicher Ehrgeiz, Streben nach materiellem Besitz, ängstliche Sorge, Rivalität, Neid und Eifersucht. Alles Dinge, die einen „das Leben versäumen" lassen, wie sie es wohl ausdrücken würde.

Und doch war es schon immer ein Herzenswunsch unsere Autorin, diese ihre Lebensfreude und Lebensweisheit im Medium der Sprache auszuformen. Sie will sich einem größeren Kreis mitteilen und zugleich etwas Bleibendes schaffen, das ihr ureigenstes Wesen zum Ausdruck bringt.

Wenn ein inneres Bedürfnis besteht, findet sich auch eine äußere Veranlassung: Ein beliebter Radiosender in Norddeutschland verliest schon seit Jahren jeden Samstagabend ausgewählte eigene Gedichte der Hörerinnen und Hörer. Vor Jahren sandte Biggi Knabe die ersten Verse ein, und siehe da, die besondere Qualität ihrer Lyrik fand sowohl bei der Redaktion des Senders als auch im Hörerkreis Anklang. So entwickelte sich aus der begründeten Aussicht, die eigenen Gedichte einem größeren Publikum vorstellen zu können, ein beglückender Anreiz zu einer stetigen und bis heute nicht versiegenden Produktivität.

Nun können sich die kunstvoll in der Sprache kristallisierten Ideen nicht damit zufrieden geben, zu einem gegebenen Zeitpunkt ausgesprochen zu werden und dann wieder zu verhallen. Nein, sie wollen sich außerhalb der Zeit ansiedeln. Gute Gedichte wollen nämlich gelesen *und* wieder gelesen werden. Was sie dem Leser irgendwann vermitteln, ist nicht dasselbe, was sie ihm zu einem anderen Zeitpunkt überbringen mögen. Eben aus diesem Grund gibt es ja Gedichtbände. Natürlich ist es auch für unsere Autorin eine Genugtuung, die eigenen Produkte in einer anmutigen Verpackung kompakt in Händen halten zu können und sie auf diese Weise der Nachwelt zu vererben.

Freilich vermag die gedruckte Ausgabe Biggis ausgreifende, blumig verzierte Handschrift – die man geradezu eine Kalligrafie mit leichter Hand nennen könnte! – nicht abzubilden. Eine Kostprobe davon findet sich auf dem Buchcover.

Für den Leser dieses Büchleins ist es eine wichtige Information, dass der besagte Radiosender die Einsendung von Gedichten an eine Bedingung geknüpft hat: Die Verse sollten in der Regel nicht mehr als acht Zeilen umfassen. Und da sich unsere Poetin für einfache Reimformen entschieden hat – Gedichte in freien Rhythmen sind ihrem Stil offenbar nicht gemäß –, ergibt sich zumeist die einheitliche Form zweistrophiger Vierzeiler.

Umso mehr Varianten bieten jedoch die Inhalte: Es geht (natürlich!) um die Liebe in ihren vielfältigen

Erscheinungsformen. Eine besondere Rolle fällt dabei der *Natur* zu. In ihren Wachstumsprozessen spiegeln sich die Zyklen der Liebe. Wie viele Gedichte gibt es da, die sich dem Frühling widmen! *Die ersten grünen Pflänzchen ... lassen unsere Herzen höher schlagen.* Oder der beglückenden Bewegung im sommerlich Freien: *Hand in Hand, der Sonne entgegen, ... fahren wir den Schmetterlingen hinterher.* Im Gedicht SPAZIERGANG IM MAI kann der Leser den sattgelb blühenden Raps, offenkundig ein Symbol der voll entfalteten Liebe, förmlich riechen!

Die rauen, ungestümen Seiten der Natur werden nicht verschwiegen, aber – und hierin zeigt sich unsere Poetin als wahre Lebenskünstlerin – im Dienst der Zweisamkeit umgedeutet: Der heulende Februarsturm *Lässt im Kamin tanzen die Flammen / Und wir kuscheln noch näher zusammen.* Im Gedicht DER REGENBOGEN überrascht ein Regenguss die Liebenden, doch nur um ihnen *den Tag zu verzieren.* Denn *unterm Bogen lässt sich's besser küssen.*

Andererseits zeigt sich im innigen Erleben der Natur auch eine Art Mitgefühl, das die eigentlich menschliche Beziehungssphäre überschreitet, so im Gedicht GÄNSEBLÜMCHEN, wo auf das bekannte Liebesorakel aus Mitleid für die gezupften Blütenblätter verzichtet wird. Für die Tierwelt hat Biggi Knabe ein besonders weites und offenes Herz, daher wurde der „Tierliebe" ein eigenes Kapitel gewidmet. Die Überschrift ist doppeldeutig, es geht darin nicht nur um die Liebe *zu* Tieren (Kuscheltiere eingeschlossen), sondern auch um Paarung und liebevolles Werben der Tiere untereinander. Bezeichnend für das Feingefühl der Dichterin, dass im Gedicht DIE SINFONIE DES VOGELMÄNN-CHENS ein zarter *sanfter* Vogelmann den Vorzug erhält vor zwei anderen wild balzenden Geschlechtsgenossen.

Die Motive von Zartheit und Sanftheit tauchen auffällig oft in Biggis Lyrik auf. Grobes und Gewaltsames scheint ihr dagegen von Natur aus fremd zu sein. Noch in der leidenschaftlichsten Liebesumarmung darf dieses Moment von Feinheit nicht fehlen. Ein ideales Bild leuchtet im Hintergrund fast aller Gedichte auf, es ist der Traum von der vollkommenen Liebe zwischen Mann und Frau auf. Dieser Traum ist unbelastet von animalischen Verzerrungen, von daher gewiss utopisch, unerfüllbar.

Viele Gedichte bewegen sich in dieser reinen Sphäre von Traum, Sehnsucht und Hoffnung und es gehört

Mut und Festigkeit dazu, in einer Welt wie der heutigen dieses *Utopische* rein und unverdorben zum Ausdruck zu bringen. FRIEDE AUF ERDEN ist ein schlichter, aber durchaus zorniger Aufruf, die Utopie der Verwirklichung näher zu bringen. Und manch ein Leser, der zuerst denken mag: *Ach ja ...,* wird sich vielleicht dabei ertappen, wie er das Buch sinken lässt und zu sich sagt: *Welt und Liebe – sie könnten ideal sein, ja ist es denn wirklich auszuschließen?*

Nicht als ob in Biggi Knabes Lyrik die dunklen Seiten des Lebens vollkommen ausgespart blieben! Eine Reihe von Gedichten befasst sich mit Trauer und Trennung, mit quälenden Erinnerungen, versäumten Chancen, Entfremdung, Einsamkeit und auch mit der Nähe des Todes. Doch nie kommt es so weit, dass unsere Autorin die Fassung verlieren würde! Im kunstvollen Sprachbild bleibt sie dessen mächtig, was ihre Seele bedrückt. Deswegen liegt auf allen Gedichten eine Art heitere Gelassenheit. Es war nur folgerichtig, das Bändchen mit dem Kapitel „Vergnügliches" zu beschließen. Unsere Poetin verfügt nämlich über sehr viel Humor, ob sie nun mitfühlend die Wut auf eine Stechmücke beschreibt, die das Liebesspiel stört, oder einen verzweifelten Kampf mit dem flatternden Gaumensegel des Partners.

Neben ihrer lyrischen Aktivität hat Biggi Knabe auch eine Begabung zu Aphorismen entwickelt, die sie *Sprüche* nennt. Auf entzückende Weise spielen sie mit den verschiedenen Bedeutungsebenen alltäglicher Worte oder bringen ganz naheliegende Lebensweisheiten zu prägnantem Ausdruck. Jedes Kapitel endet daher mit einem dazu passenden Aphorismus.

Wie allgemein bekannt, strahlt die Begabung eines Künstlers auf einem Spezialgebiet auch auf andere Gattungen aus. Es ist keineswegs Zufall, dass unsere Dichterin sehr musikalisch ist, gelegentlich gibt sie sogar Klavierstunden. Und *jeder* ihrer Briefe, ob handschriftlich oder maschinengeschrieben, wird mit zwei bildhaften Motiven verziert. Das eine ist eine stilisierte Robbe – ein Tier, zu dem Biggi eine besondere Beziehung hegt, gewissermaßen ihr „Totemtier", – das andere stellt ein eigenartiges, von ihr *Schnuffel* genanntes Koboldwesen dar, mit sparsamen Strichen wird es stets nur angedeutet. Geheimnisvoll huscht es über und zwischen ihre Texte, ist aber grundsätzlich gutartig. Der Herausgeber konnte der Versuchung nicht widerstehen, diese entzückenden Miniaturen in den Text einzuflechten. Die Gegenwart unserer Autorin ist damit recht anschaulich zu spüren.

So mögen dem kleinen Bändchen viele Leser beschieden sein, die sich an Biggi Knabes einzigartigem poetischen Geist erfreuen!

Wolf G. Hermes, im März 2010

Das Jahr und die Zeit

DAS JAHR UND DIE ZEIT

NEUJAHRSWUNSCH

Gute Vorsätze hab ich zwar getroffen,
Doch viel ändern möcht ich nicht.
Auf Gesundheit und LIEBE darf ich hoffen,
Mal sehn, was das neue Jahr verspricht.

An das alte denk ich heut zurück,
Da war ich oft doch sehr allein.
Drum wär für mich das größte Glück,
Mit einem Liebsten zusammen zu sein.

ZUM VALENTINSTAG

Den Valentinstag hab ich nicht vergessen.
Sende ein Gedicht, nur für dich allein,
Und lade dich zu einem schönen Essen
Heut Abend zu mir nach Hause ein.

Bei romantischer Musik im Kerzenlicht,
Möcht ich in deine blauen Augen schaun,
Verwöhnen dich mit deinem Leibgericht
Und zu meinem Herzen dir eine Brücke baun.

ANKÜNDIGUNG DES FRÜHLINGS

Die Natur hat sich verändert in den letzten Tagen,
Denn wenn wir gemeinsam durch den Garten gehen,
Sind die ersten grünen Pflänzchen schon zu sehen
Und lassen unsere Herzen höher schlagen.

Die Frühblüher haben ihrem Namen Ehre gemacht
Und ihre bunten Blüten zum Himmel gereckt.
Ein Igelchen ist noch im Gestrüpp versteckt
Und hofft wie wir, dass die Sonne bald lacht.

OSTERZEIT

Die Hasen sind schon bei den Vorbereitungen
Für das große Osterfest.
Auch der Kleinste kommt herausgesprungen
Aus seinem warmen Nest.

Denn lange müssen wir nicht mehr warten,
Bis sie die vielen bunten Eier verstecken,
Gehen dann alle zusammen in den Garten
und freun uns, wenn die Kinder sie entdecken.

DAS JAHR UND DIE ZEIT

ZUM MUTTERTAG

Engel waren wir beide zwar nicht,
Doch warst du stets für uns da,
Behieltest in schweren Zeiten die Übersicht
Und bist auch heut unsern Herzen nah.

Du bringst die Sonne in unser Leben,
Erfüllst unser Zuhause mit Wärme und Licht.
Du hast uns all deine Liebe gegeben,
Drum als Dankeschön dies kleine Gedicht!

[*mit Axel Knabe*]

SIEBENSCHLÄFER

So mancher stellt sich jetzt wohl die Frage:
Wie wird das Wetter am Siebenschläfertage?
Ich hoffe, Petrus schenkt uns Sonnenschein,
Warme sieben Wochen, das wär doch fein.

Vielleicht schickt er uns auch sanfte Regengüsse,
Dann genieß ich unterm Schirme deine Küsse.
Oder er bläst uns um die Ohren mal den Wind,
Wichtig ist doch nur, dass wir zwei zusammen sind.

REBSTOCK DER LIEBE

APFELERNTE

Im Garten genießen wir des goldenen Herbstes Zeit,
Hält sie doch für uns das köstlichste Obst bereit.
Die Bäume sind mit Äpfeln wieder gut bestückt,
Zusammen haben wir Körbe voll gepflückt.

Bei uns sind die knackigen Früchte sehr begehrt,
Die erste saftige hast du schon verzehrt.
Ein Körbchen nehm ich mit in unser Haus
Und backe deinen Lieblingskuchen draus.

HERBSTSPAZIERGANG

Langsam wird es draußen wieder kühl,
Denn der Herbst zieht ein in die Natur.
Wir spazieren durch das Blättergewühl,
bevor es leer wird im Wald, auf Feld und Flur.

Auch das Vogelgezwitscher lässt nach
Und die Wildkaninchen graben sich ein.
Hier auf dem Lande liegen die Äcker brach
und wir genießen den letzten, warmen Sonnenschein.

DAS JAHR UND DIE ZEIT

NOVEMBERGEDANKEN

Ist der November auch grau und trist
Und erfüllt er uns oftmals mit Traurigkeit,
So bringt er doch Ruhe in die hektische Zeit,
Die mancher vielleicht schon vermisst.

Denn gerade, wenn die Tage kürzer werden,
Kuschelt man sich zusammen wieder enger.
Die trauten Abende am Kamin werden länger
Und man genießt die Zweisamkeit auf Erden.

DER ERSTE SCHNEE

Wenn der erste Schnee sanft auf das Erdreich fällt,
Denkt so mancher an seine Kindheit zurück.
Doch wer als Erwachsener die Augen offenhält,
Entdeckt auch im Alter die weiße Pracht als Glück,

Warum nicht mal wieder ne Schneeballschlacht
                              [machen
Und gemeinsam die Spuren der Tiere studieren?
Vielleicht wird Petrus dort oben vor Freude lachen
Und uns dafür noch mehr Flöckchen spendieren!

JAHRESRÜCKBLICK

Das alte Jahr ist nun vergangen,
Dabei hatte es gerade erst angefangen.
Wie ein warmer Wind ist es vorüber gezogen,
Geschwind an mir vorbei geflogen.

Hab im Glück manchmal geschwebt,
Traurige Momente auch erlebt.
Doch die schönsten waren die mit dir,
Trage sie im Herzen, tief in mir.

Mit den guten Vorsätzen im Neuen Jahr ist es ähnlich wie mit dem Schnee - nur dass die guten Vorsätze meist schneller schmelzen.

Im Spiegel der Natur

IM SPIEGEL DER NATUR

FRÜHLING

Der Frühling ist da
Und du bist mir so nah.
Die ersten Blumen blühen,
Oh wie unsere Herzen glühen!

Jede noch so kleine Berührung
Ist wie eine zarte Verführung.
Die Vögel zwitschern auf den Bäumen,
Komm, lass uns von der Liebe träumen!

EIN SEGELSCHIFF

Die Liebe ist so wie ein Segelschiff,
Mal ruht es träge vor einem Riff,
Mal schwankt es heftig auf dem Meer –
Dann fällt das Steuern manchmal schwer.

Doch auch bei hohen Wellen wird es nicht
                              [untergehen,
So manche Stürme kann es noch überstehen,
Noch manchen Ozean fröhlich durchqueren,
Um sicher in den Hafen zurückzukehren!

REBSTOCK DER LIEBE

DIE LIEBE ZUM MEER

Am Meer spüren wir den Puls der Ewigkeit
Und genießen das Streicheln jeder Welle.
Das Meer ist ein Sinnbild von Unendlichkeit,
Unserem Leben eine kraftvolle Quelle.

Drum flüchten wir aus der lauten Stadt,
Dort finden wir nicht die gesunde Balance.
Das blaue Meer ist unserer Seelen Heimat
Und schaukelt uns ganz sanft in Trance.

FRÜHLINGSDUFT

Tauchen wir ein in den berauschenden Duft,
Aus Veilchen, Jasmin und Flieder,
Und genießen die milde Frühlingsluft,
Dann erwachen unsre müden Glieder.

Den Winter schicken wir auf eine lange Reise
Und freun uns am Aufblühen der Natur,
Lauschen dem Liebeslied der zwitschernden Meise,
Denn das ist für die Seele Wellness pur.

IM SPIEGEL DER NATUR

SPAZIERGANG IM MAI

Wenn der Raps auf dem Felde blüht,
Geh ich mit meinem Schatz spazieren.
Der Charme, den er dabei versprüht,
Lässt mein Blut in den Adern pulsieren.

Im satten Gelb macht die Sonne das Feld erstrahlen,
Wir genießen den herrlichen Blütentraum.
Diesen Moment will ich tief in mein Herze malen,
Den Liebsten sanft küssen unter dem Baum.

RADTOUR INS GRÜNE

Lass doch mal dein Auto stehn,
Denn wir können radeln gehn!
Aus der Stadt heraus in die Natur,
Für die Seele ist das Wellness pur.

Hand in Hand, der Sonne entgegen,
Durchs weite Land auf den schönsten Wegen.
In blühenden Wiesen ohne hektischen Verkehr,
Fahren wir den Schmetterlingen hinterher.

GLÜCKSGEFÜHL

Auf der Parkbank saß ich allein,
Erfüllt von schönen Träumen mit dir.
Es zwitscherte nur ein Vögelein,
Schon spürte ich ein Glücksgefühl in mir.

Auch das Wetter ist eine wahre Wonne.
Die Wolke über mir verschwand
Und die Wärme der Sonne
War wie deine streichelnde Hand!

GÄNSEBLÜMCHEN

Liebt er mich, oder liebt er mich nicht?
In Gedanken seh ich sein strahlendes Gesicht.
Doch Blätter zupfen? Nein, ich lass es stehn.
Möcht es viel lieber blühen sehn.

Denn was kann das arme Blümchen dafür,
Dass ich in meinem Herzen Liebe spür.
Ich hab den Mut vielleicht irgendwann
Und frag ihn selber, diesen schönen Mann!

IM SPIEGEL DER NATUR

DER REGENBOGEN

Zärtlich schenktest du mir einen Kuss,
Doch uns überraschte der Regenguss.
Kurz danach scheint die Sonne in unserem Rücken,
Ein Regenbogen will uns den Himmel schmücken.

Der Petrus, der ist schon sehr raffiniert,
Warum er den Tag wohl damit verziert?
Naja, Petrus da oben wird es wohl wissen,
Denn unterm Bogen lässt sich's besser küssen!

OHRWÜRMER

Manch angenehme Klänge schenkt uns das Leben,
Vor allem in der Natur sind wir von ihnen umgeben.
Das Meeresrauschen kann unsere Seele verwöhnen.
Oftmals verzaubert das Radio uns mit sanften Tönen.

Wenn wir bei einem Spaziergang zusammen sind,
Genießen wir das Rascheln der Blätter im Wind.
Doch am allerschönsten ist es für mich,
Du flüsterst zart in mein Ohr: *Ich liebe Dich*

Rebstock der Liebe

Herbstmond

Romantisch war die letzte Herbstnacht,
Unser Rendezvous zur späten Stund.
Der Mond schien in seiner vollen Pracht,
So leuchtend schön und rund.

In deinen Armen war sein Anblick ein Genuss
Und ich fühlte mich bei dir geborgen.
Unsere Lippen trafen sich zu einem zarten Kuss,
Bis das Mondlicht erlosch am frühen Morgen.

Das Herz im Baum

Ich komme gern an diesen Ort,
Eine gute Weile ist es her.
Als Kinder spielten wir dort,
Schon damals mochte ich dich sehr.

Unterm Baum hast du mir den Kuss gegeben,
Wir ritzten ganz verliebt ein Herz hinein.
Doch jeder führt jetzt sein eigenes Leben,
So denk ich oft, wo magst du wohl sein?

Im Spiegel der Natur

Herbstgefühle

Bei jedem Schritt rascheln die welken Blätter
Und in den Bäumen beginnt das Gekletter.
Die Eichhörnchen suchen sich ihr Futter zusammen
Und der Herbst lässt unsere Herzen höher flammen.

Die Sonne verliert langsam ihre Kraft,
Auch die Störche gehen auf Wanderschaft.
Diesen Sommer werden wir nicht wiedersehen,
Doch unsere Liebe bleibt auch im Winter bestehen.

Sternschnuppenglück

Wenn ich eine Sternschnuppe am Himmel sehe,
Muss ich immer an dich denken.
Ich wünschte, du wärest in meiner Nähe
Und könntest mir all deine Liebe schenken.

Meine Pforte hab ich geöffnet für dich allein
Und hoffe, mein Wunsch wird Wirklichkeit werden.
Denn Tag und Nacht mir dir zusammen zu sein,
Wäre für mich das größte Glück auf Erden.

REBSTOCK DER LIEBE

STÜRMISCHE LIEBE

Wenn es draußen stürmt und schneit,
Bleibt für unsere Liebe Zeit.
Nun lass den steifen Wind doch wehen,
So können getrost wir kuscheln gehen.

Wenn wir gemütlich auf dem Sofa liegen,
Werd ich mich zärtlich an dich schmiegen.
Du küsst mich sanft die ganze Nacht,
Bis morgens die Sonne wieder lacht.

WINTERZAUBER

Wenn wir im Winter durch den Schnee stapfen,
Zeigt uns die Natur ihre ganze Schönheit.
An den Ästen hängen spiegelblanke Zapfen
Und wir entdecken den Zauber dieser Jahreszeit.

Der feine Puderzucker glitzert im Sonnenlicht
Und in deinen Armen fühl ich mich zärtlich bewacht.
Die weißen Flöckchen streicheln über mein Gesicht
Und wir genießen die herrliche Winterpracht.

Im Spiegel der Natur

Mondphase

Was macht der Mond, wenn er nicht scheint?
Ob er dort oben still und heimlich weint?
Vielleicht hat er auch nur nachgedacht
Und über so manche Dinge hier gelacht?!

Sicher braucht er mal ne Pause,
Geht dann mit der Venus auf die Sause.
Doch lange kann sich der Mond nicht amüsieren,
Er muss sich bald schon wieder präsentieren!

Sonnenfinsternis

Wenn sich auch manchmal der Mond vor
                              [die Sonne stellt,
Das Verdunkeln dem Menschen oft gar nicht gefällt,
So braucht er die Finsternis nicht zu hassen,
Nein, er genießt sie ruhig und gelassen.

Denn keine Minute ist zu verschenken,
Man soll an die wichtigen Dinge denken.
Das wird sich ganz bestimmt auch lohnen,
Und die Sonne wird wieder im Leben wohnen.

REBSTOCK DER LIEBE

EISTANZ

Genieß mit mir die schöne Winterzeit,
Wie einst in unseren Kindertagen!
Mein Schatz, bist du dazu bereit?
Wolln wir uns nun aufs Eise wagen?

Auf Schlittschuhen drehn wir uns geschwind
Und der See erscheint im silbrigen Glanz.
Die weißen Flöckchen wirbeln durch den Wind,
Und es ist, als verführe er sie zum Tanz.

DAS SCHNEEPÄRCHEN

Auf dem Felde stand ein Schneemann ganz alleine,
Da bauten Kinder eine Schneefrau dazu,
Formten ihr schöne Brüste, Hüften und Beine,
Ästchen für die Wimpern waren der Clou.

Als stünde des Schneemanns Herz nun in Flammen
Und blickte er in ihre Augen aus Kies,
So standen, miteinander vereint, sie eng beisammen,
Bis die Sonne mit ihren Strahlen sie schmelzen ließ.

Spätestens in den Bergen erreicht jeder mal einen Höhepunkt...!

Lebenskunst

DAS LÖSUNGSWORT

Wie ein Kreuzworträtsel ist das Leben,
Viele Kästchen hält es für uns bereit.
Diese zu füllen ist unser Bestreben,
Zu überwinden manche Schwierigkeit.

Dann lernen wir besonders daraus,
Und wer das Wesentliche vermisst,
Bekommt mit der Zeit doch heraus,
Dass nur die Liebe das Lösungswort ist!

AUGENBLICKE

Wenn wir einander in die Augen blicken,
Uns ein tiefes Gefühl der Sehnsucht schicken,
Dann sind das Augenblicke der Zärtlichkeit,
Sie tragen einen Hauch von Ewigkeit.

Augenblicke der Leidenschaft
Sind kostbar und so zauberhaft.
Genießen wir die Liebe und das Glück,
Denn niemals wieder kehrt es zurück!!!

REBSTOCK DER LIEBE

EINE ANDERE LUST

In den Einkaufsstraßen dieser Trubel,
Reduzierte Ware jetzt an allen Ecken.
Hauptsache, es rollt der Rubel,
Meine Kauflust wird das doch nicht wecken.

Sitz viel lieber gemütlich im Cafe´
und schau mir schöne Männer an,
bei einer heißen Tasse Tee.
Vielleicht setzt sich einer zu mir dann!?

DIE LEBENDIGE WÄRMFLASCHE

Manch Single-Frau kennt das Problem,
Kalte Füße sind nachts nicht angenehm.
Da hab ich an Wärmflaschen gedacht
Und mir gleich ne lebendige angelacht.

Nun werf ich die Socken in die Ecke,
Und krabble lieber unter seine Decke.
Er nimmt mich zärtlich in den Arm
Und meine Füßchen werden wohlig warm.

LEBENSKUNST

ROMANTISCHE SEHNSUCHT

Liebst du das Segeln auf dem Meer?
Spazierengehen im Mondschein auch so sehr?
Sehnst du dich nach Liebe und Zärtlichkeit
Und wünschst dir ein bisschen Geborgenheit?

Genießt du gute Küche, mal ein Glas Wein
Und fühlst dich oft einsam und allein?
Hörst du romantische Musik so gerne wie ich?
Dann bist du der richtige Mann für mich!

AMORS MACHT

Auf einmal stand er vor mir da,
Ich fühlte mich ihm gleich so nah.
In seinen Augen lag ein verlangender Blick
Und in meinem Herzen machte es klick!

Bei dem Flirt ist es nicht geblieben,
Doch wollt ich mich gar nicht verlieben,
Hätt im Traum nicht daran gedacht.
Aber wer hat eine Chance gegen Amors Macht?

REBSTOCK DER LIEBE

UNSER PARADIES

Den Garten haben wir auf Vordermann gebracht,
Liegen nun zusammen im frischen Grase.
Die Magnolie zeigt sich in ihrer vollen Pracht,
Und wir genießen unsere blühende Oase.

Gemeinsam erleben wir das Wunder der Natur,
Tauchen in eine duftende Zauberwelt ein.
Über uns der Himmel in blauem Azur –
Ein traumhaftes Paradies zum Glücklichsein.

FRÜHLINGSERWACHEN

Die Vögel zwitschern auf den Bäumen,
Das erste zarte Grün ist schon zu sehn.
Möchte nicht die schöne Zeit versäumen,
Sondern mit Dir spazieren gehn.

Und jetzt die Natur genießen,
Wie sie aus dem Winterschlaf erwacht.
Ein paar Knospen sind bereits am Sprießen.
Ich spür, der Frühling kommt ganz sacht!

LEBENSKUNST

TANZ DER VERLIEBTEN

Ich möcht mal wieder tanzen gehn,
Mich im siebten Himmel mit dir drehn,
Auch wenn du mir auf meine Füße trittst.
Bei dem großen Charme, den du besitzt,
Verzeih ich dir das jedes Mal
Und wir schweben weiter durch den Saal.
Danach hältst du mich zärtlich und sacht,
In deinen Armen bis tief in die Nacht.

URLAUBSPLÄNE

Magst du den Latte Macchiato in Italien,
Liebst du frische Croissants in Frankreich?
Genießest auch du Sangria in Spanien,
oder Salzburger Nockerln in Österreich?

Komm mein Schatz, wir buchen ein Quartier,
Für welches Land wir uns auch entschließen –
Was gibt es Schöneres, als mit dir,
Lässig die *Dolce Vita* zu genießen!

REBSTOCK DER LIEBE

VERFÜHRERISCHES ABENDESSEN

Möchte dir heut ein Liebesmahl kreieren,
Dir dein Abendessen erotisch servieren.
Für die Soße nehm ich feurige Gewürze,
Trage aus weißer Spitze nur eine Schürze.

Zaubre dir viele Köstlichkeiten auf den Tisch,
Zarte Küsse bekommst du vor dem Fisch.
Nach den flambierten Apfeltaschen,
Darfst du mich dann vernaschen ...

HERZTÖNE

Fühlst du dich einsam und allein,
So höre tief ins Herz hinein.
Was es dir sagen will, kannst du erspüren,
Der Klang wird deine Seele sanft berühren.

Denn oft hat sich die Liebe nur versteckt
Und hofft, dass jemand sie freudig entdeckt.
Lang schon wartet sie vielleicht auf dich
Und das ist im Leben doch wesentlich !!

LEBENSKUNST

KIRSCHEN DER LIEBE

Im Obstgarten hat es damals angefangen,
Beim Kirschenkernspucken hinter dem Haus,
Und mit nem zarten Kuss auf meine Wangen.
Du wolltest gewinnen, doch es wurde nichts draus.

Nach Jahren standst du mit Kirschen vor meiner Tür
Und hofftest auf eine späte Revanche.
In meinem Herzen hatte ich ein feines Gespür
Und gab dir noch eine zweite Chance.

PICKNICK IM WALD

Wenn im Sommer aufzieht die Schwüle,
Spazieren wir zusammen durch den Wald.
Der Schatten spendet angenehme Kühle
Und eine Ruhebank lädt ein zum Aufenthalt.

Statt lärmenden Verkehrs die grüne Oase und du.
Ein Vöglein kommt, uns zwitschernd zu begrüßen.
Frisches Obst und deine zärtlichen Küsse dazu
Werden diesen schönen Tag noch mehr versüßen!

REBSTOCK DER LIEBE

KARNEVAL DER LIEBE

Wir feierten zusammen Karneval,
In deinem Piratenkostüm hast du mich angelacht
Und beim Tanz auf dem Maskenball,
Hieltst du mich in deinen Armen zärtlich und sacht.

Meine Dirndltracht mochtest du gern leiden,
Magisch zog ich dich damit an.
Auch Rosenmontag wolln wir uns verkleiden
Und da verführst du mich als Don Juan.

LEBENSGLÜCK

Voller Schatten ist manchmal das Leben
Und du fühlst dich auf der Welt allein.
Irgendwas geht immer mal daneben,
Dann zeigt sich wieder der Sonnenschein.

Nimm das Leben als Vergnügen,
Lass deine ganze Traurigkeit zurück.
Kost es aus in vollen Zügen,
So findest du auf allen Wegen Glück!

LEBENSKUNST

ZURÜCK ZUR NATUR

Ein lauschiges Plätzchen hast du mir gefunden.
Versteckt unter herrlich grünen Bäumen,
Verbringen wir dort ein paar schöne Stunden,
Um unwichtige Dinge mal zu versäumen.

Zärtlichkeit im Einklang mit der Natur,
Statt am Computer zu sitzen oder zu bügeln,
Ist für die vertrocknete Seele Wellness pur
Und wird unsere Sinne auch sanft beflügeln.

FAHRT INS BLAUE

Mit dem Radel gehen wir im Sommer auf die Reise,
Vorbei an blühenden Wiesen, abgeernteten Feldern.
Wir genießen die Natur auf entspannte Weise
Und verträumte Dörfer, umgeben von
[grünen Wäldern.

Eine gemütliche Radtour ohne Hast,
So sehen wir die schönsten Ecken.
In einem Dorfcafé machen wir Rast
Und lassen uns den Kuchen schmecken.

REBSTOCK DER LIEBE

STÜCK FÜR STÜCK

Du kannst zuweilen manches komplizieren,
Zum Beispiel ein Stück aufs Ganze fabrizieren.
Würde gerne mit dir auf einiges verzichten,
Und lieber Stück für Stück ein Ganzes errichten.
Denn mit zu vielen Dingen hast du dich befasst,
Doch dabei das Ganze wohl bald verpasst!

VOM SINN DER SINNLICHKEIT

Ist auch die Liebe verloren gegangen,
Kann man sie wieder neu entdecken.
Nein, man muss nicht um sie bangen,
Denn mit Sinnlichkeit lässt sie sich wecken.

Einfach wie früher mal Händchen halten
Und ein paar Streicheleinheiten mehr ...
Ein Wochenende sinnlich verwöhnend gestalten,
Gehört zur Liebe wie zum guten Essen Dessert!

DAS MUTTERMAL

Als du mich geküsst das erste Mal,
Hast du es zart inspiziert,
Mein winzig kleines Muttermal.
Nun weißt du, was mein Näschen ziert.

Ich spüre, er gefällt auch dir,
Mein süßer, kleiner Fleck.
Du meinst sogar, er passt zu mir,
Und findest ihn ganz keck.

ADVENTSZAUBER

Mit Duftkerzen und einem Sternenreigen
Zauberte ich Adventsstimmung in unser Haus.
Auf dem Tisch ein Kranz aus Tannenzweigen,
Dafür brachtest du mir einen weihnachtlichen Strauß.

Nun genießen wir besinnliche Stunden
[im Kerzenschein,
Unser Lieblingssender spielt romantische Lieder.
Dazu leckere Plätzchensünden mit
[würzigem Glühwein

REBSTOCK DER LIEBE

Und ich lass mich zärtlich küssen von dir
[immer wieder.

DER REBSTOCK DER LIEBE

Im Alltag muss die Liebe nicht entschwinden,
Nur sollte manches nicht zur Gewohnheit werden.
Warum sie an feste Fahrpläne binden,
Die jedes zarte Glück doch gefährden.

Doch die Liebe täglich neu zu entdecken,
Sie achtsam zu pflegen, an sie zu glauben,
Das wird ihre Reben wieder erwecken,
Und dann erntet man auch die Trauben!

DIE ÜBERRASCHUNG

Ich hab mir zum Nikolaus für meinen Mann
Etwas ganz Besonderes ausgedacht.
Mein sexy Kostüm zieh ich mir an,
Aus rotem Samt, von mir selbstgemacht.

LEBENSKUNST

Schleich mich heimlich in unser Haus,
Ihn mit Küssen dann sanft zu wecken,
Und er spürt, der flauschige Nikolaus
Möcht ihn zärtlich an seinem Öhrchen necken.

EISTRAUM

Genießen wir die letzten warmen Tage, mein Schatz,
Denn der Sommer muss bald gehn.
Im Garten eines Cafés nehmen wir Platz,
Da kann ich einem Eisbecher nicht widerstehn.

Du bekommst zwei Kugeln Erdbeer und Banane
Und ich schlemme Vanilleeiscreme mit Nüssen,
Dazu Schokosoße mit einer großen Portion Sahne,
Die darfst du mir von meinen Lippen küssen!

GLÜCK

Nach dem Glück soll man nicht suchen,
Denn es ist vom Schicksal doch bestimmt.
Man kann es auch nicht buchen,
Es wird nicht täglich auf neu getrimmt.

REBSTOCK DER LIEBE

Doch Menschen zu helfen und Liebe zu geben,
Und mit dem, was man hat, zufrieden zu sein.
Dies zu erkennen in seinem Leben,
Dann spürt man das Glück von ganz allein!

*Wer die Menschen am Morgen mit einem Lächeln
begrüßt, hat so manchem den Tag schon versüßt!*

Tierliebe

TIERLIEBE

DER ZWITSCHERNDE WECKER

Mit dem Aufstehn haben wir unsre Müh.
Doch seit ein paar Wochen schon,
Zwitschert eine junge Meise in der Früh
Ein Liebesliedchen auf dem Balkon.

Da kommt auch mein müder Schatz
Herausgekrochen aus seinem Bett,
Und singt mit dem kleinen Piepmatz,
Einen jeden Morgen im Duett.

DAS STORCHENPAAR

Eine schöne Storchendame saß lange Zeit,
In ihrem Nestchen ganz allein.
Da vertrieb ein Storchenmann ihre Einsamkeit
Und seitdem klappern sie zu zwein.

Man könnte meinen, da hat sich was angebahnt,
Denn das Männchen ist ganz aufgedreht.
Vielleicht ist der Nachwuchs schon geplant,
Denn geschnäbelt wird von früh bis spät.

DER MAIKÄFER

Vater und Tochter sind bei der Gartenarbeit,
Ein Maikäfer fällt in den Wassereimer hinein.
Das Tierchen tut dem kleinen Mädchen leid
Und es scheint, als würde sie es befrein.

Der Papa krabbelt aus dem Blumenbeet
Und sagt: „Nun hol ihn doch raus, meine Süße!"
„Ach Paps, ich hab ihn nur umgedreht,
So bekommt er keine nassen Füße …"

FROSCHGESANG

Im Teich beim Park hat der Frosch es schwer,
Das Weibchen hört sein Quaken nicht mehr.
Straßenlärm scheint das Werben lahm zu legen,
Da kommt ihm das Wochenende sehr entgegen.

Endlich ist ein autofreier Sonntag angesagt,
Das Weibchen wird nochmals heftig angequakt.
Nun kann er es mit seinem Gesang verwöhnen
Und niemand wird das Fröschlein mehr übertönen …

TIERLIEBE

DER TEDDYBÄR

Zwischen Müll und einem alten Schrank,
Saß ein Teddybär am Straßenrand.
Wie traurig schaute dieses Kuscheltier!
Da war mir ganz klar, er gehört zu mir.

Hab ihn lieb geputzt, seine Augen poliert,
Und auch das weiche Fell wurde frisch frisiert.
Seitdem spielen die Kinder bei uns im Haus
Und der Teddy sieht so richtig glücklich aus....

DER KLEINE SPATZ

Auf dem Fensterbrett saß ein kleiner Spatz.
Vielleicht fühlte er sich sehr allein
Und wartete auf seinen Schatz.
Denn der fehlte noch zum Glücklichsein.

Da gesellte sich ein zweiter hinzu
und schnäbelte ganz zärtlich das Spätzchen.
Wie sehr beneidete ich ihn um sein Rendezvous,
Auch ich sehnte mich nach einem Schätzchen!

EIN WARMES PLÄTZCHEN FÜR DAS KÄTZCHEN

An einem kalten Wintertag sah ich
                    [Nachbars` Kätzchen,
Auf der noch warmen Motorhaube
                        [meines Wagens liegen.
Denn jeder sehnt sich nach einem
                    [kuscheligen Plätzchen
Und einem lieben Menschen zum Anschmiegen.

Der Nachbar blieb, ein Glück, nicht lange fort,
Streichelte dann sanft über ihr schönes Fell.
Er nahm die Kleine auf die Arme dort
Und verschwand mit ihr im Haus ganz schnell.

FRÜHJAHRSMÜDIGKEIT

Ein zaghaftes Zwitschern der Amseln ist
                        [schon zu hören
Und die Temperaturen sind ein wenig gestiegen.
Doch meine beiden Hamster darf ich nicht stören,
Ich seh, wie sie sich eng aneinander schmiegen.

Auch mein Kater Willi liegt träge neben mir,
Auf dem Sofa ganz lang ausgestreckt.

TIERLIEBE

Wer weiß, vielleicht werden auch wir
Vom Kuss des Frühlings bald geweckt.

AUSRANGIERT

Auf dem Weg zum Parkplatz war ich schockiert,
Jemand hatte sein Tier dort ausrangiert.
Vom Mülleimer her hört ich Miauen und Kratzen,
Beim Öffnen sah ich zuerst nur die winzigen Tatzen.

Sicher war es lästig in der Urlaubszeit,
Doch das süße Kätzchen tat mir leid.
Seitdem pfleg ich liebevoll dieses Tier
Und spür, es fühlt sich sehr wohl bei mir.

EIN BLÄTTERDACH FÜR DAS IGELPAAR

Blätter schmückten die Bäume eine lange Zeit,
Sachte fallen sie nun auf die Erde herunter.
Für ein Igelpaar wird das Laub zur Kostbarkeit,
Denn es hält seinen Winterschlaf darunter.

Wenn sie sich in den Blättern verstecken,
Kann das bunte Dach ihnen nützen.

Es wird die zwei dann sanft bedecken
Und sie vor Wind und Kälte schützen.

DIE SINFONIE DES VOGELMÄNNCHENS

Eine junge Vogeldame saß ganz allein,
In einem Baume auf dem Ast.
Zwei Männchen schienen interessiert zu sein
Und machten beide bei ihr Rast.

Doch das wilde Gebalze kam bei ihr nicht an,
Sie wollte lieber ein zartes Zwitschern hören.
Schon bald kam ein dritter, schöner Vogelmann
Und konnte sie mit seiner sanften Sinfonie betören.

*Glücklich ist am Abend wohl jeder Fisch, der nicht
beim Angler liegt auf dem Tisch.*

Zärtliche Träume

ZÄRTLICHE TRÄUME

WÜNSCHE

Ich möcht in deinen Armen liegen,
Mich zärtlich, zärtlich an dich schmiegen!
Mit meinen Händen dich berühren
Und Leidenschaft vollkommen spüren.

Nicht mehr die schöne Zeit verträumen –
Den Augenblick nie mehr versäumen.
Meine Wünsche wollen ständig danach streben,
Dass wir könnten unsre schönen Träume leben.

DER MANN AM KLAVIER

Ich sah ihn am Piano in der Bar
Und genoss sein herrliches Tastenspiel.
Ich träumte, wir wären ein Liebespaar,
Und er würde mich küssen mit viel Gefühl.

Meinen Körper so zart berühren,
Wie er über die Tasten gleitet.
Tief in mir kann ich spüren,
Wie er mich zum Flirten verleitet.

REBSTOCK DER LIEBE

ZAUBER DER SEHNSUCHT

Wie gerne möcht ich dich verführen,
Deine Haut auf der meinen spüren.
Einen Abend voller Zauberei,
Wünsch ich mir, nur für uns zwei.

Doch zwischen Sehnsucht und Gewissen,
Bin stets ich hin und her gerissen.
Im Traum hab ich zärtlich dich geküsst,
Aber dann die ganze Nacht vermisst.

DER SCHMETTERLING

Den ersten Schmetterling hab ich erblickt,
Ganz leicht war sein Flügelschlag.
Er hat mir ein Gefühl der Sehnsucht geschickt,
An diesem herrlichen Frühlingstag.

Wie gern möcht ich auch einer sein,
Mich sanft durch die Lüfte wiegen,
Im blauen Himmel bei Sonnenschein,
Geschwinde dann zu Dir fliegen.

ZÄRTLICHE TRÄUME

PARADIES AM TEICH

Die Seerosen bedecken den stillen Teich,
Hand in Hand schlendern wir den Weg entlang.
Die Natur beschenkt uns wieder einmal reich,
Wir genießen sie von unserer Lieblingsbank.

Mir öffnen sich an diesem schönen Ort
Die Pforten zu einem kleinen Paradies.
Auch du träumst dich hier dem Alltag fort,
An deinem sanften Blick spür ich dies...

UNTER DER PALME

Unter der Palme, so lieg ich hier,
Und bin in Gedanken ganz nah bei dir,
Kann die Wärme des Sandes spüren.
Oh, wie gern würd ich dich verführen!

Übers Meer lass ich meine Träume fliegen,
Unsere Liebe soll sich in den Wellen wiegen,
Bis mir das Rauschen wie Musik erklingt
Und die Sonne am Horizont versinkt.

REBSTOCK DER LIEBE

DER AMPELFLIRT

An der roten Ampel bemerkte ich dich,
Du standst mit deinem Auto neben mir.
Deine Augen, wie faszinierten sie mich!
Denn sehnsüchtige Blicke kamen von dir.

Dieser Flirt versprach doch mehr,
Es war, als sollt ich mich verlieben.
Hätt mir nur gewünscht so sehr,
Es wär noch länger rot geblieben!

DIE NACHT AM FLUSS

Das Mondlicht schimmernd auf meiner Haut,
In den Sternenhimmel haben wir geschaut.
Damals war's am rauschenden Fluss,
Du gabst mir zärtlich einen Kuss.

Nie vergess ich diese Nacht am Rhein,
Denn sanft schlief ich in deinen Armen ein.
Manchmal sitzen wir noch heute dort
Und träumen uns dem Alltag fort ...

ZÄRTLICHE TRÄUME

SEHNSUCHT AM MEER

Ich betrachte das weite Meer,
Geheimnisvoll glitzernd in blauen Tönen.
Der Strand ist menschenleer,
Ich lass mich von warmer Sonne verwöhnen.

Von einer sanften Brise umweht
Und mit den Gedanken doch bei dir.
Eine Sehnsucht, die niemals vergeht,
Bist du auch weit entfernt von mir ...

KUSCHELTRAUM

Der Regen prasselt auf das Dach,
Es ist schon nach Mitternacht.
Ich lieg im Bett noch wach
Und habe nur an dich gedacht.

Weit entfernt bist du von mir,
Doch kann ich deine Liebe spüren,
So als kuschelten wir hier
Und du würdest mich sanft verführen.

REBSTOCK DER LIEBE

HIMMLISCHE GEFÜHLE

Beim Tanz hab ich dich auserkoren,
Denn mit deinen Blicken hast du mich verführt.
Eine Sehnsucht ist in mir geboren,
So sanft hast du mein Herz berührt.

Der Himmel ist wieder offen,
Seit du in meiner Nähe bist.
Mein Gefühl lässt mich nun hoffen,
Dass es die große Liebe ist!

HERBSTWIND

Langsam wehn die Blätter von den Bäumen,
Sehnsuchtsvoll bin ich am Träumen:
Mit dir im Herbstlaub spazieren gehn,
Und küssend unterm Baume stehn.

In die Rinde ritz ich ein Herz hinein,
Dann wirst du immer bei mir sein.
Wäre jedes Blatt ein Stück von mir,
Trüg es der Wind dann sanft zu dir.

ZÄRTLICHE TRÄUME

SCHAUMBAD DER TRÄUME

Kann mein Schatz nicht bei mir sein,
Nehm ich am Abend gern mal ein Bad,
Gleite in die wohlige Wärme hinein
Und bürste meinen Körper ganz zart.

Genieße einen wunderschönen Traum,
Der meine Sehnsucht ein wenig stillt.
Als wäre mein Liebster der Schaum,
Der mich kuschelsanft umhüllt.

IN MEINEN TRÄUMEN

In meinen Träumen hab ich dich sanft verführt
Und die süße Lust in dir geweckt.
Mit meinen Händen dich zärtlich berührt
Und deine Lippen mit Küssen bedeckt.

So wie Gott uns schuf, liegen wir zusammen,
Von Liebe und Leidenschaft umhüllt.
Unsere Herzen stehen in Flammen
Und mein zartes Sehnen hat sich erfüllt!

EIN ENGEL

Manchmal möcht ich ein Engel sein,
So am Himmel schweben, das wär fein!
Würd mit dir auf meine Wolke fliegen,
Uns dann sanft in den Lüften wiegen.

Du könntest meine kalten Füßchen wärmen,
Und dort oben von der Aussicht schwärmen.
Ich möcht dich mit meinen Flügeln zart umhüllen
Und dir jeden Wunsch erfüllen.

*Romantiker sind Menschen, die sich auch an einem
kalten grauen Tage auf eine blühende Sommerwiese
träumen können ...*

Zweisamkeit

ZWEISAMKEIT

MEIN ZÄRTLICHER WECKER

Ich genieß es, wenn du mich sanft
              [am Morgen weckst,
Zärtlich mich an meinem Öhrchen neckst.
Du kuschelst dich an mich ganz nah
Und streichst über mein langes Haar.

Schenkst mir ein Gefühl der Geborgenheit,
Vertreibst liebevoll so meine Müdigkeit.
Dann kitzelst du mich am großen Zeh
Und ich weiß, gleich gibt's frischen Tee!

EIN GEFÜHL DER GEBORGENHEIT

Ich sehne mich nach deiner sanften Berührung,
Wenn du mit deiner Hand die meine suchst.
Ich genieße deine zärtliche Verführung
Und spüre, wie mein Herz vor Freude juchzt.

Wenn ich in deinen Armen ruhen kann,
Schenkst du mir ein Gefühl von Geborgenheit.
Du wärst für mich der geborene Ehemann,
Mit dem ich verbringen möchte meine Zeit.

REBSTOCK DER LIEBE

FRÜHLINGSGEFÜHLE

In den letzten Tagen konnten wir schon
Einen Hauch des Frühlings spüren.
Im Körper bildet sich ein Glückshormon,
Wenn die ersten Sonnenstrahlen uns berühren.

Besonders merke ich's bei dir,
Denn du willst mich küssen unentwegt,
Bist noch zärtlicher zu mir
Und hast deinen Arm sanft um mich gelegt.

DAS HERZ AUF DER WINDSCHUTZSCHEIBE

Zuerst hielt ich es für einen Scherz,
Was ich auf meiner Autoscheibe fand,
Ein in den Schnee gemaltes Herz.
Doch ich habe sie gleich erkannt,
Die rote Mütze hinterm Wagen
Und da wusste ich im Nu –
Ich brauchte gar nicht erst zu fragen,
Dein verschmitztes Lächeln, das warst du!

ZWEISAMKEIT

DIE ROTE ROSE

Eine rote Rose sollte das Zeichen sein
Für unser erstes Rendezvous,
Im Eiscafé bei Sonnenschein,
Wir waren schnell per Du.

Als Liebespaar gehen wir heut dorthin,
Die Rose hängt getrocknet an der Wand.
Tief wohnst du in meinem Herzen drin
Und nimmst ganz zärtlich meine Hand.

DEINE AUGEN

Mein Alltag ist nicht mehr grau,
Wenn ich in deine Augen schau.
Sie üben einen Sog auf mich aus,
Tragen deine Sehnsucht zu mir hinaus

Und strahlen mich zärtlich an,
Dass ich an nichts anderes denken kann.
Mein Körper möchte ruhen darin,
Und fühlen, dass ich immer bei dir bin.

REBSTOCK DER LIEBE

FEBRUARSTIMMEN

Der Wind im Februar kann flüstern, zerren
[und zausen,
Und ist er stark, kann er auch tosen und brausen.

Nur selten streift er sanft durchs Tal,
Eher fegt er heulend im Rauchfang.
Dann umarmst du mich zärtlich jedes Mal,
Denn oft tobt er stundenlang,

Lässt im Kamin tanzen die Flammen
Und wir kuscheln noch näher zusammen.

TANZ UNTERM KIRSCHENBAUM

Unter dem prachtvollen Kirschenbaum
Tanzten wir zusammen in den Mai.
Wie in einem wunderschönen Traum,
Überraschte ein Blütenregen uns zwei.

So konnten wir den Wonnemonat begrüßen,
Von der duftenden Zauberwelt umgeben.
Unsere Liebe wird ihn ganz zart noch versüßen,
Nur sie allein lässt unsere Herzen schweben.

ZWEISAMKEIT

PICKNICK DER LIEBE

Ein Picknick mit dir,
Das wünsch ich mir:
Bei Sonnenschein auf der Wiese liegen,
Würd ich mich zärtlich an Dich schmiegen.

Eine Erdbeere saftig und rund,
Führst du mir sanft dann in den Mund.
Aus meinem Bauchnabel prickelnder Sekt,
Und du hast die Lust in mir geweckt ...

SOMMERLIEBE

Auf der schönen Insel Norderney
Da trafen wir uns, nur wir ZWEI.
Es war in einer warmen Sommernacht...
Wir haben nicht darüber nachgedacht.

Uns in den Dünen dann versteckt,
Und die Liebe zart entdeckt.
Haben Herzen in den Sand geschrieben,
Bis der Wind sie fortgetrieben.

REBSTOCK DER LIEBE

DER ERSTE KUSS

Dort, wo das Meer den Sand berührt,
Hast du mir geschenkt den ersten Kuss,
Mich ganz sanft am Strand verführt,
Dass ich noch heute daran denken muss.

Voll Verlangen, Leidenschaft und Lust,
Hat mich deine Zärtlichkeit umhüllt.
Noch schlägt dein Herz in meiner Brust,
Nur du hast es zart mit Liebe gefüllt.

NUR DU

Ich denke an die vorige Nacht,
Die hätt ich gern mit dir verbracht.
Möcht mit dir das Leben spüren,
Dich in stiller Stunde zart verführen.

Mit dir zusammen sein heißt Liebe pur,
In meinem Körper steigt die Temperatur.
Kann die Freudensprünge meines Herzens hören,
Nur du kannst mich so sanft betören!

ZWEISAMKEIT

WARTEN AM STRAND

Sanft rieselt der Sand durch meine Zehen,
Ich träum den weißen Wölkchen hinterher.
Hier möcht ich mit dir spazieren gehen,
Bis leuchtend rot die Sonne versinkt im Meer.

Schon halte nach dir ich Ausschau,
Entdecke dich braungebrannt auf der
                              [Landungsbrücke.
Gleich eilst du zu mir, denn du weißt genau,
Dass ich dich mit zärtlichen Küssen beglücke.

KUTSCHFAHRT INS GLÜCK

Unsere Kutschfahrt auf das Land,
Die werd ich niemals vergessen im Leben.
Denn du hieltest an um meine Hand,
Obwohl ich vor Jahren dir einen Korb gegeben.

So vieles hattest du zuvor schon probiert,
Gekämpft wie ein Löwe, um mit mir zu gehn.
Mich dann romantisch ins Glück kutschiert,
Da konnte auch ich dir nicht widerstehn.

REBSTOCK DER LIEBE

SOMMERREGEN

Ein Regenschauer zieht übers Land,
Und du wolltest noch raus nach dem Essen.
Gut, dass jemand den Schirm erfand,
Nur du hast ihn wohl vergessen.

Doch vielleicht kannst du es spüren,
In Gedanken bin ich stets bei dir.
Jene lauen Tropfen, die dich berühren,
Sind zärtliche Küsse von mir!

SEHNSUCHT

Kann dich nun länger nicht mehr sehen,
Ich werde vor Sehnsucht fast zergehen.
Deine Liebe umhüllt mich wie ein Blütenblatt
Mit Geborgenheit, die mir sonst keiner gegeben hat.

Und unsere Liebe wächst bei jedem Kuss,
So dass mein Herz einfach erblühen muss!
Ich werde auf dich warten und an dich denken
Und dir dann all meine Zärtlichkeit schenken.

ZWEISAMKEIT

MONDNACHT

Der Mond schien hell in dieser Nacht,
Als sei er nur für uns gemacht.
Verzaubert hat er unsre Herzen leise,
Gesandt auf eine weite Sternenreise.

In eine Zeit der Zärtlichkeit
Mit dem Gefühl der Zweisamkeit,
Als würde der Sommer nie zu Ende gehen
Und unsere Liebe wieder in Flammen stehen ...

SEHNSUCHT AM STRAND

Unter der Palme lieg ich hier,
Muss immer wieder an dich denken.
Ich wünschte sehr, du wärest bei mir,
Und könntest mir all deine Liebe schenken,

Genieße die Sonne in meinem Gesicht,
Die rauschenden Wellen, den warmen Wind.
Herzenswolken schicken kann ich leider nicht,
Weil am blauen Himmel doch keine sind.

REBSTOCK DER LIEBE

DER LIEBESBRIEF

Meine Sehnsucht, die ist geblieben,
Drum hab ich dir nen Brief geschrieben.
Diese lieben Zeilen von mir,
Soll ein Täubchen bringen dir.

Leicht wird es sich durch die Lüfte wiegen,
Mit meinem Briefchen zu dir fliegen,
Kann dann die Nachricht dich beglücken,
Wirst du mich bald schon zärtlich drücken.

SEHNSUCHTSMELODIE

Eine Melodie nur für dich allein,
Die hab ich komponiert,
Bei Kerzenlicht und nem Gläschen Wein,
Auf dem Klavier dann einstudiert.

Mit dem Stück möcht ich es dir sagen
und hab es Sehnsuchtsmelodie genannt.
Darf ich es heut Abend wagen?
Bin auf dein Gesicht doch sehr gespannt!

ZWEISAMKEIT

LIEBE AUS DER FERNE

An meinen Liebsten zu denken,
Wenn er in der Ferne ist,
Ihm ein paar Minuten zu schenken,
Damit er mich nicht vergisst,

Die Fülle des Glücks zu spüren,
Und im Herzen ein Beben,
In Gedanken ihn sanft zu berühren,
Lässt mich in Liebe schweben.

DER KOMPROMISS

Wie wär's mal wieder mit Wandern, mein Liebling?
Ja, ich weiß, dass ist gar nicht dein Ding.
In deinem schönen Urlaub dieses Gekletter
Und das bei dem schwülen Sommerwetter.

Es wird bestimmt kein Spaziergang von
                   [dreißig Minuten,
Doch zum Abkühlen liegen Seen an den
                   [Wanderrouten.
Erklimmst du nun die grandiose Bergwelt mit mir?
Dann schau ich am Abend auch Fußball mit dir!

Rebstock der Liebe

Fieber

Ich spüre, dass eine Grippe im Anzug ist,
Das Thermometer zeigt nämlich leichtes Fieber.
Da bin ich doch froh, dass du bei mir bist
Um mich gesund zu pflegen, mein Lieber!

Dein Lächeln ist wie eine Tablette, voller Glück,
Und auf den Arzt kann ich getrost verzichten.
Meine Lebenskräfte kommen schnell zurück,
Zum Dank darf ich dir diese lieben Zeilen dichten!

Adventskalender

Diesmal hab ich mir etwas Besonderes ausgedacht
Und einen Adventskalender für dich gemacht.
Vierundzwanzig Weihnachtsmänner aus Filz
[als Türchen,
Aus Schokolade stecken drin ein paar Figürchen.

Gefüllt auch mit frisch gebackenen Plätzchen.
Alles nur aus Liebe für dich, mein Schätzchen!
Irgendwo versteckt sind Marzipankugeln und Nüsse.
Als Dankeschön schenkst du mir sanfte Küsse....

ZWEISAMKEIT

MEIN SÜSSER NIKOLAUS

Heut Morgen kam der Nikolaus,
Ganz schwerbepackt in unser Haus.
In einen weiten, roten Mantel gehüllt,
Hat er meinen Stiefel mit Süßem gefüllt.

Dort war auch ein kleiner Zettel versteckt,
Am Schokoherzchen hab ich ihn entdeckt.
Drauf stand: Mein Schatz, die Leckereien
[sind für dich,
Nur bitte, lass noch etwas übrig für mich!

DEIN LÄCHELN IM WINTER

Im Winter schau ich vor dem Schlafengehn,
Ob es regnet oder schneit.
Ich bin glücklich, wenn weiße Flöckchen
[mich umwehn,
In dieser kalten Jahreszeit.

Lass mich verzaubern vom Mondeslicht,
Erfreue mich an der sternenklaren Nacht.
Dann blicke ich in dein Gesicht

Und spür, wie mich dein Lächeln noch
    [glücklicher macht.

EIN HERZ FÜR DIE ARMEN

Diese Hektik und in der Stadt das Geschiebe!
Nein, große Geschenke wollen wir beide nicht.
Bei uns ist Weihnachten noch das Fest der Liebe
Und wir genießen Zweisamkeit im Kerzenlicht.

Lieber sammeln wir für die Armen das Geld,
Denn viel glücklicher macht es doch abzugeben,
Und es gibt so viel Bedürftige auf dieser Welt,
Die mit Hilfe unserer Spende weiterleben!

LIEBE

In uns allen schlummert eine Sehnsucht,
Nach Geborgenheit und Liebe,
Dass sie wächst zur reifen Frucht
Und für immer und ewig bliebe.

Drum sind wir ständig doch bemüht,
Dass sie auch den Alltag übersteht,

ZWEISAMKEIT

Nicht verwelkt allzu verfrüht
Und uns nicht im Winde verweht.

*Die Wurzel des Problems liegt oft tiefer, als die Blüten-
pracht hoch oben zu scheinen vermag.....*

Trauer und Trennung

TRAUER UND TRENNUNG

SAMSTAGMORGEN

Wieder bist du von mir gegangen,
Am Samstagmorgen, die Vöglein sangen.
Der Abdruck deines Kopfes im Kissen,
Lässt mich dich schon jetzt vermissen.

Ich kann noch deine Wärme spüren,
Als wollten die Hände mich zart berühren.
Der Duft deines Körpers, er schwebt im Zimmer,
Ich wünschte, du könntest bleiben für immer ...

ABSCHIED EINES ENGELS

Du warst wie ein Engel an meiner Seite,
Der mich zärtlich Tag und Nacht bewachte,
Mich von meinen Ängsten befreite
Und mit dem ich manch schöne Zeit verbrachte.

Nun bist du von mir gegangen
Und ich spüre einen tiefen Schmerz.
In meiner Sehnsucht bin ich gefangen,
Traurig weht sie durch mein Herz.

FRIEDE AUF ERDEN

Hier Olympia, ein friedlicher Kampf um Medaillen,
Dort Machtgier und Blutvergießen durch Kanaillen.
Dabei sehnt sich jeder nach Verständnis und
[Harmonie,
Doch vertreten einige wohl eine andere Strategie.

Ist, in Frieden zu leben, nicht das größte
[Glück auf Erden?
Traurig, dass es manche durch Kriege gefährden.
Die Politiker müssen vermitteln und
[Pläne schmieden,
Wir wünschen uns auf der Welt nur Liebe
[und Frieden!

Biggi

TRAUER UND TRENNUNG

FRÜHLINGSLUFT

Der Frühling liegt schon in der Luft,
Ich kann ihn schnuppern – ein wohliger Duft,
Als würde er mich zart umhüllen
Und mein Herz mit Sehnsucht füllen.

Spür die Sonne in meinem Gesicht,
doch noch wärmt ihr Strahl mich nicht.
Auf der Eiche zwitschert ein Vögelein.
Ich wünschte, du könntest bei mir sein !

EWIGE LIEBE

Eine jede Stunde genieß ich mit dir,
Denn wir haben nicht mehr lange Zeit.
Bitte, bleib noch ein Weilchen bei mir
Und schenk mir deine Zärtlichkeit.

Bald muss ich auf die große Reise gehn,
Werde sanft erlöst von meinem Schmerz.
Doch unsere Liebe wird niemals vergehn,
In Ewigkeit wehe sie durch dein Herz.

REBSTOCK DER LIEBE

FÜR DICH

Vielleicht kannst du es spüren,
Wie es um mein Herze steht,
Wenn sich unsere Blicke zart berühren,
Und – dass es so nicht weiter geht.

Gib du mir doch ein Zeichen,
Ein paar liebe Zeilen nur von dir,
Die würden mir schon reichen
Und stillen die Sehnsucht sanft in mir!

LIEBE PER MAUSKLICK

Wenn zum Kennenlernen keine Zeit mehr bleibt
Und wild uns die Sehnsucht nach Leidenschaft treibt,
Dann sucht man den Partner im Internet,
Alles ist leicht und auch alle sind nett.

Die Liebe lässt sich per Mausklick bestellen,
Man kann einen Traumtyp zusammenstellen.
Klar ist er jung, hat ne gute Figur,
Doch wo bleibt da die Romantik nur ?!

TRAUER UND TRENNUNG

ABSCHIED

Warum musst du von mir gehen?
Nein, ich kann es nicht verstehen.
Wir wollten uns doch niemals trennen,
Tränen sind's, die wie Feuer brennen.

Als würde der Himmel zum Abschied weinen,
In meinem Herzen nie wieder die Sonne scheinen.
Eine Hoffnung bleibt aber bestehen,
Dich eines Tages wiederzusehen!

WELLEN DER SEHNSUCHT

Da ist noch das Gefühl der Leere,
Ich spür eine tiefe Sehnsucht in mir,
In meinem Körper diese süße Schwere,
Ein unbändiges Verlangen nach dir.

Als würden leichte Wellen mich wiegen,
Auf einem Segelschiff sanft zu dir tragen,
Könnt ich mich zärtlich an dich schmiegen,
Vergangenes würde nicht mehr an mir nagen.

VERGESSEN

Manchmal wein ich leise vor mich hin,
Denn Erinnerungen quälen mich noch sehr.
Ein Gefühl, als hätte alles keinen Sinn,
Ist es auch schon lange her.

Doch ich weiß, dass ich vergessen kann,
Drum bin ich froh, dass es dich gibt.
Du nimmst mich zärtlich in die Arme dann
Und ich spür, da ist einer, der mich liebt!

VIEL ZU SPÄT...

Ein todkranker Mann schreibt über sein Leben
Um etwas den Nachkommen weiterzugeben:
Jeden Tag von neuem mit Sinn beginnen,
Bevor die Zeiten des Alltags verrinnen.
Denn nicht alles gilt als Selbstverständlichkeit,
Für das Wichtige gibt's zu wenig Aufmerksamkeit.

Da kullert eine Träne übers Papier,
Denn er denkt an seine lieben Vier.
Sein Stift fällt ihm aus der Hand
Und er stößt mit dem Kopf an die Wand.

Was würde er nicht darum geben,
Um noch ein wenig weiterzuleben ...
Doch seine Einsicht, welch ein Prophet!,
Kam leider, leider ... viel zu spät!

Das Herz aus Muscheln

Ich sitze am schönen Nordseestrand
Und genieße den Ausblick aufs Meer.
Leg dir ein Muschelherz in den Sand,
Denn ich vermiss dich doch so sehr.

Vielleicht kannst du das Herzchen von oben sehn
Und spürst, dass ich an dich denken muss.
Ich wünschte, wir würden spazieren gehn
Und du gäbest mir einen sanften Kuss.

Die Eiche

Wenn ich früher aus dem Bürofenster schaute,
Gab's draußen noch nen regen Flugverkehr.
Jetzt vermiss ich die Meise, die sich ihr Nest
                                dort baute.
Auch die Eichhörnchen flitzten im Baum umher.

REBSTOCK DER LIEBE

Nun ist die prachtvolle Eiche fort,
Einfach abgesägt, so ein Stückchen Natur.
Keine fallenden Blätter mehr an diesem Ort,
Übrig bleiben die schönen Erinnerungen nur ...

DEIN LÄCHELN

Regelmäßig ging ich pro Woche zur Bank,
Am liebsten an den Schalter zu dir.
Lächelnd nahmst du das Geld aus dem Schrank,
Doch heute sitzt keiner mehr hier.

Automaten gibt es dafür umso mehr,
Nun versuch ich da mein Glück.
Dein Lächeln doch, das vermiss ich sehr
Und sehn mich nach der alten Zeit zurück!

VERSÄUMTER AUGENBLICK

Irgendwo an der Spree,
Saß ein Mann im Café.
Im schimmernden Kerzenlicht,
Sah er auf einmal ihr Gesicht.

TRAUER UND TRENNUNG

Nur einen Augenblick lang
Hörte er ihren Stimmenklang.

Er lächelte ihr zu
Und spürte im Nu
Ein unbeschreibliches Gefühl.
Es flogen Schmetterlinge viel!
Ihr Blick versprach ihm mehr,
Doch leider fiel's ihm schwer,
Der Trägheit zu widerstehen
Und eine echte Chance zu sehen.

Nur ein paar Sekunden lang,
Verharrte die Zeit in ihrem Gang.
Fast war die Kerze heruntergebrannt,
Kam plötzlich ein Windzug und
   [das Mädchen verschwand...
Vielleicht hat er wohl manche Zeit verträumt
Und jene Chance bestimmt versäumt.
Saß ein Mann alleine im Café,
Irgendwo an der Spree.

REBSTOCK DER LIEBE

DEIN BILD

Immer wieder seh ich dein Bild an der Wand.
Nie werd ich vergessen diese schöne Zeit,
Als wir noch zusammen gingen Hand in Hand,
Eine Zeit voll Liebe und Geborgenheit.

Doch du musstest von mir gehn.
Ob dort oben wohl die Sonne scheint?
Irgendwann werd auch ich sie sehn
Und unsere Herzen sind wieder vereint.

EINSAMKEIT

Die Einsamkeit lacht nicht mit mir
Und trocknet keine Tränen vom Gesicht.
Wenn ich in meinem Innern frier,
Dann wärmt auch sie mich nicht.

Manchmal ist sie einfach da,
In meinem Herzen, diese Einsamkeit.
Und ich wünschte, einer wär mir nah,
Der mir schenkt ein wenig Geborgenheit!

Trauer und Trennung

Um mit der Vergangenheit abzuschließen, muss man erst den passenden Schlüssel finden...

Vergnügliches

VERGNÜGLICHES

LIEBE MIT HINDERNISSEN

Als das erste Mal ich dich sah,
Da war mir alles sofort klar:
Die blauen Augen – der gerade Blick!
Von Anfang an machte es Klick.

Schmetterlinge flogen bunt umher,
Besonders im Bauch, da flatterten sie sehr.
Nur für meinen Kopf war es fatal,
Denn ich lief vor einen Laternenpfahl ...

DER PRINZ

Ich war damals noch ein kleines Kind,
Und küsste ein Fröschlein bei uns im Garten.
Ich hoffte, daraus würde ein Prinz geschwind
Und ich müsste nur ein klein wenig warten.

Oh Schreck, der arme Frosch verschwand,
Doch wie ich gleich erfuhr,
Wer lächelnd dafür am Teiche stand,
Das war der neue Nachbar nur ...

REBSTOCK DER LIEBE

DAS GEKÜHLTE OSTERLAMM

Mit einem Osterlamm wollte ich meinen Schatz
                [überraschen,
In Gedanken sah ich ihn schon vorher
                [davon naschen.
Doch bis es abkühlte, sollte er noch warten,
Aber was entdeckte ich da im Wintergarten?

Das Osterlamm auf dem Tische stehen,
Mit einem Fieberthermometer versehen,
Angeblasen von einem großen Ventilator.
Und er stand sehnsüchtig wartend davor ...

DER KUPPLER AUF VIER PFÖTCHEN

Zu verdanken haben wir es deinem Dackel Otto,
Dass wir beim Spaziergang zusammengekommen
                [sind.
Viel schöner war's als ein Sechser im Lotto,
Als das Hündchen lief zu mir geschwind.

Mit der Leine hat er meine Fesseln umschlungen,
Und du hast mich dann lächelnd befreit.

VERGNÜGLICHES

Das Verkuppeln ist ihm wohl gelungen,
Seitdem umschlingst du mich mit Zärtlichkeit.

DIE MÜCKE

Des Nachts wollte uns ne Mücke stören,
Sie war ja kaum zu überhören,
Stach deinen Po beim Liebesspiel,
Das war dir dann wohl doch zuviel.

Wutentbrannt schlugst du sie an die Wand,
Und stießest dabei hart noch an den Schrank.
Jetzt juckt nicht nur dein weicher Po,
Den Schmerz hast du auch anderswo....

DIE ROMANTISCHE BOOTSFAHRT

Die romantische Bootsfahrt mit dir
Wird mir ewig in Erinnerung bleiben.
Du rücktest dabei immer näher zu mir
Und wir ließen uns auf dem Wasser treiben.

Das Boot fing an zu schaukeln mit einem Mal,
Wir plumpsten in den kühlen See hinein.
Vom Wasser sanft umhüllt war uns das egal,
Denn so kann die Liebe noch aufregender sein ...

DER WASCHBRETTBAUCH

Um den Waschbrettbauch zu bekommen,
Hast du schon ne Menge Sport getrieben
Und auch so manche Diätpillen genommen.
Doch dein kleines Bäuchlein ist geblieben.

Mein Schatz, was soll denn diese Qual?
Vor allem, weil du sehr gern isst.
Dein kleiner Bauch, der ist mir ganz egal,
Ich lieb dich doch, so wie du bist!

VERGNÜGLICHES

ANGLERGLÜCK

Mein Schatz angelte seit Stunden am See,
Doch beißen wollte partout kein Fisch.
Da kam mir schnell eine gute Idee,
Ich kaufte einen Barsch ganz frisch,

Tauchte zum Angelhaken sehr flink
Und befestigte das prachtvolle Stück.
Dann zog er heraus das glitschige Ding,
Bestaunte schmunzelnd sein Anglerglück!

FRECHE MÜCKEN

Wir liegen im hohen Grase,
Die Sonne scheint uns auf den Rücken.
Nur fliegen um deine Nase
Ständig ein paar freche Mücken.

Mit meiner Creme haben sie keine Chance mehr,
Ich verteile sie ganz sanft auf dir.
Doch – zu dumm – nun ist die Tube leer
und die Mücken stechen jetzt bei mir ...

DAS GAUMENSEGEL

Beim Schnarchen ist in der Regel
Nur schuld dein Gaumensegel.
Es flattert hin und her
Und stört mich nachts oft sehr.

So vieles hab ich schon probiert,
Dir zärtlich den Nacken massiert,
Sogar ne Knoblauchzehe dir serviert,
An- und ausgemacht das Licht,
Doch geholfen hat es nicht.

Du schnarchst und riechst aus allen Poren,
Nun steck ich mir Stöpsel in die Ohren!

VERGNÜGLICHES

SHOPPEN ODER DIE STRAPAZEN DER MÄNNER

Ich wollt mal wieder shoppen gehn,
Mit meinem noch gutgelaunten Schatz,
Im Kaufhaus die neuesten Pumps ansehn,
Geduldig nahm er solange Platz.

Mit drei Paaren kam ich nach ner Stunde
Und rief: „Ich schau nach oben, dort sind Hüte."
Ein sparsames Lächeln lag auf seinem Munde
Und ich hörte, wie er sagte: „Noch ne Stunde
Und ne vierte Tüte,
Ach du meine Güte!"

SCHNEEGESTÖBER

Viel Schnee ist bei uns eine Seltenheit,
Doch als ich neulich von der Arbeit kam,
War mein Grundstück völlig zugeschneit.
Von der täglichen Pflicht etwas lahm,
Fiel das Schneeschaufeln mir schwer.
Da trat mein Nachbar zur Tür heraus:
„Vielen Dank, junge Frau!", sagte er,
„Aber Sie wohnen im nächsten Haus!"

DER SCHLUCKAUF

Ein Schluckauf plagt mich schon ne Viertelstunde,
Vielleicht schlägt das Herz mir aus dem Munde.
Denn meine Oma sagte immer:
Da ist jemand, der vergisst dich nimmer,

Denkt an dich die ganze Zeit
Und träumt von deiner Zärtlichkeit.
Schickt in Gedanken dir nen Kuss,
Dass es vor Liebe hicksen muss.

Manche Männer sind so umwerfend, da ist es nur gut,
wenn ein Sofa in der Nähe ist....

Biggi Knabe